LE PREMIER LIVRE
ILLUSTRÉ
DE MES PETITS ENFANTS

PAR A. DES TILLEULS.

BERNARDIN-BÉCHET, ÉDIT.

31, Quai des Augustins

LE

PREMIER LIVRE

ILLUSTRÉ

DE MES PETITS ENFANTS

8905. — PARIS, IMPRIMERIE A. LAHURE

Rue de Fleurus, 9

LE

PREMIER LIVRE

ILLUSTRÉ

DE MES PETITS ENFANTS

PAR

A. DES TILLEULS

ORNÉ DE 20 GRAVURES PAR MOREL

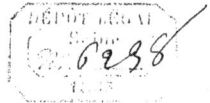

PARIS

BERNARDIN-BÉCHET, ÉDITEUR

31, QUAI DES GRANDS-AUGUSTINS, 31

LE LIVRE D'HISTOIRES

LES PETITS GARÇONS

A
NOS JEUNES LECTEURS

Maintenant, vous savez lire, chers petits amis.

Quand on sait lire on peut tout apprendre et tout connaître. Nous n'attendions que ce moment pour vous offrir ce nouvel album, en récompense de votre zèle et de votre gentillesse.

Autrefois, il y a bien longtemps, quand vous n'étiez que de simples bébés et que vous commenciez à épeler, nous vous avons présenté des abécédaires, ornés de jolies images coloriées, qui vous ont facilité l'étude de l'alphabet et qui vous ont appris à lire en vous amusant : aujourd'hui que vous voilà devenus grands garçons, ces alphabets ne vous suffisent plus. Vous avez besoin, pour vous fortifier dans l'exercice de la lecture, d'ouvrages beaucoup plus compliqués.

Il vous faut à présent des livres curieux, des livres remplis de charmants dessins coloriés ; des livres contenant des historiettes récréatives ; des livres, enfin, capables d'intéresser des personnages de votre importance.

Vous avez un de ces livres entre les mains.

1330

'Prenez-en connaissance, chers petits amis, et puissiez-vous trouver à lire les historiettes qu'il renferme autant de plaisir que nous en avons trouvé à vous les raconter!

Ce nouvel album, que nous n'offrons qu'aux enfants sages, renferme des histoires concernant les petites filles et les petits garçons qui ne l'ont pas toujours été.

Ces historiettes, mes chers lecteurs, vous prouveront que les défauts provoquent souvent de fâcheuses aventures et que les enfants qui n'obéissent pas à leurs parents ont toujours lieu de se repentir.

LES JOUETS DU PETIT NOËL

Les petits garçons et les petites filles sont d'une sagesse remarquable pendant quatre jours de l'année : la veille de Noël, le jour de la fête de saint Nicolas, à Pâques, et le 1er janvier : Est-il nécessaire de dire pourquoi?

Si les enfants sont gentils, il faut reconnaître que les parents se montrent bien indulgents durant ces bienheureux jours. Ce n'est pas de leur faute si certains enfants se punissent eux-mêmes, comme le fit le petit Charles.

Le jour de Noël, ce petit garçon trouva dans sa chambre un gros ballon en caoutchouc, un tambour, et un lapin à roulette qui frappait sur un timbre en se mouvant. Sa maman lui dit :

— Si tu conserves ces jouets intacts jusqu'au 1er janvier, je prends l'engagement de t'en offrir de plus jolis pour tes étrennes, sinon, tu n'en auras pas d'autres pendant le restant de l'année.

Charles promit de bien soigner les jouets du petit Noël.

Trois jours après, le ballon était crevé, le tambour éventré et le lapin mécanique détraqué.

Le 1er janvier, quand le petit garçon vint souhaiter la bonne année à sa maman, celle-ci le pria de lui montrer les jouets du petit Noël.

Charles baissa la tête et ne bougea point.

Alors la maman découvrit un panier rempli de charmants jouets et dit au domestique qui se trouvait là :

— Mon fils n'a pas su tenir sa promesse ; moi, je ne saurais manquer à la mienne : reportez ces jouets chez le marchand.

Charles reconnut sa faute et pleura ; mais il ne put fléchir sa maman. Elle avait fait une promesse et l'on sait que lorsque les parents promettent quelque chose, ils tiennent toujours leurs engagements.

LES DEUX ÉCOLIERS

Auguste et Valentin, se rendant à l'école, rencontrèrent un garçon à peu près de leur âge qui les regardait en pleurant.

Ils lui demandèrent la cause de son chagrin.

Le petit garçon leur dit qu'il n'avait rien mangé depuis la veille et qu'il avait grand'faim.

Valentin, qui avait très bon cœur, ouvrit son panier et en retira des fruits et du pain.

Auguste lui dit alors :

— Si tu donnes ton goûter, tu auras faim toi-même.

— Il m'est facile de jeûner pendant trois heures, puisque ce pauvre enfant jeûne depuis vingt-quatre, reprit Valentin en offrant ses pommes et son pain au malheureux petit garçon.

Un mois après cette aventure, Auguste et Valentin, en sortant de l'école, furent surpris par un orage qui, en quelques minutes, transforma les ruisseaux en petites rivières.

Les deux écoliers, abrités sous une porte, attendaient que l'eau se retirât afin de poursuivre leur chemin ; mais, quoique la pluie ne tombât plus, les ruisseaux, au lieu de diminuer, paraissaient grossir, ce qui contrariait fort les écoliers.

Un petit garçon, qui se trouvait de l'autre côté du ruisseau, voyant leur embarras, entra résolûment dans l'eau et vint les rejoindre.

Les écoliers reconnurent l'enfant de la rue.

Ce jeune garçon prit Valentin dans ses bras et le transporta de l'autre côté du ruisseau ; ensuite, s'adressant à Auguste, il dit :

— Quant à vous, mon petit monsieur, tirez-vous de là comme vous pourrez. Je n'oblige pas ceux qui refusent d'obliger les autres.

Auguste, ennuyé d'attendre, traversa le ruisseau et se mouilla jusqu'aux genoux.

Il s'enrhuma et fut malade pendant neuf jours.

Cette leçon lui profita.

LE MARCHAND DE MARRONS

LES MARRONS GRILLÉS

Un habitant du Cantal venait chaque hiver s'installer sous une porte cochère pour y vendre des marrons grillés.

Les petits garçons, en se rendant à l'école, ne manquaient jamais, quand le froid était vif, de s'arrêter devant le fourneau de l'Auvergnat pour s'y chauffer le bout des doigts.

Ce brave homme, bien souvent, donnait un marron tout chaud à celui des enfants qui lui semblait le plus gentil.

Victor, le fils d'un tailleur, ayant reçu un de ces marrons et l'ayant trouvé de son goût, plongea la main dans le sac et s'empara de plusieurs marrons pendant que le marchand tournait le dos.

Arrivé à la maison, le petit garçon introduisit ses marrons dans le foyer et les couvrit de cendres chaudes. Craignant d'être surpris, il activa le feu en le soufflant avec sa bouche.

Tout à coup, les marrons, dont l'écorce n'avait point été fendue, éclatèrent avec fracas en projetant des cendres brûlantes dans les yeux du petit garçon.

Le père quitta sa planche et accourut aux cris de son enfant.

Dès qu'il en connut la cause, il s'écria :

— C'est le bon Dieu qui t'a puni, petit misérable ! je ne te plains pas : les voleurs sont indignes de pitié.

Victor faillit perdre la vue et souffrit beaucoup.

Lorsqu'il revint à l'école, ses camarades, indignés de sa conduite, le chassèrent.

Victor, repentant et corrigé, alla implorer sa grâce auprès de l'Auvergnat.

LE RENARD PRIS AU PIÈGE

— Ma sœur, disait un petit garçon à une jeune personne de quatorze ans, vous savez que papa m'a donné un jardinet derrière la poulerie et qu'il l'a fait entourer d'un treillage : pourriez-vous me dire pourquoi il me défend d'y entrer aujourd'hui ?

— Je l'ignore, répondit la jeune fille, ce que je puis t'apprendre, c'est que les parents sont faits pour commander et non pour obéir.

— C'est vrai, riposta l'enfant, mais papa n'avait que faire de me donner un jardin, s'il voulait m'en interdire l'entrée.

— Petit frère, nos parents n'ont pas de comptes à nous rendre et nous devons leur obéir sans résistance.

Sur ces paroles, l'enfant quitta sa sœur et se rendit au jardin. Il n'avait pas l'intention d'enfreindre la défense qui lui était faite, quoique en cette circonstance l'obéissance lui coûtât beaucoup : il voulait simplement regarder son jardinet à distance. Il s'approcha et regarda par-dessus la clôture.

Quel ne fut pas son effroi, lorsqu'il vit un assez gros animal la tête prise entre deux cercles de fer et qui faisait de vains efforts pour se dégager !

L'enfant courut avertir sa grande sœur.

— Ah ! mon frère, s'écria-t-elle en voyant ce spectacle, réjouis-toi de ton obéissance. Si tu avais méconnu les ordres de notre père, tu serais à cette heure enserré dans le piège où s'est pris ce méchant renard qui dévorait nos poules.

Le petit garçon comprit alors que l'obéissance est le premier devoir des enfants.

LE JEU DE QUILLES

Quelques jours avant la fête de Noël, Claude, le fils du jardinier, aperçut dans la chambre de sa maman, un jeu de quilles tout neuf et une petite hotte remplie de paquets ficelés.

L'enfant sauta de joie, et pensa : « Ces jouets me sont destinés et je les trouverai suspendus à l'arbre de Noël ».

Sur ces entrefaites, le jardinier dit à son fils :

— Nous allons à la ville, ta mère et moi. Pendant notre absence retourne le tas de blé qui se trouve dans la grange ; tu m'éviteras une perte de temps, et tu seras récompensé de tes peines ».

Aussitôt que ses parents furent partis, Claude pénétra dans la chambre de sa mère afin d'examiner les jouets qu'il n'avait fait qu'entrevoir : ces objets ne s'y trouvaient plus.

Le petit garçon fureta dans tous les coins, chercha sur tous les meubles, explora la maison de la cave au grenier.

Les jouets avaient disparu.

Dans sa préoccupation, Claude oublia la recommandation de son père. Lorsque ce dernier revint au logis, il dit à son fils :

— As-tu retourné le froment dans la grange ?

— Oui, papa, répondit le petit garçon avec hésitation.

— S'il en est ainsi, je dois récompenser ta peine : ce que tu as trouvé dans le tas de blé t'appartient.

Claude regarda son père avec surprise et rougit jusqu'aux oreilles.

Le jardinier conduisit l'enfant dans la grange.

Du premier coup de pelle, l'ouvrier mit à découvert le jeu de quilles et la hotte, qui se trouvaient cachés dans le froment.

— Regarde, s'écria-t-il, et rougis de honte. Ces témoins de ton mensonge, qui devaient être le prix du travail, ne sauraient t'appartenir ; je les donnerai au petit Jacques qui ne ment pas et qui n'oublie jamais d'exécuter les ordres de son père.

C'était le premier mensonge de Claude : il n'en commit pas de second.

LE DÉNICHEUR D'OISEAUX

LE DÉNICHEUR D'OISEAUX

Robert était un habile dénicheur d'oiseaux.

Un jour, il rapporta un nid de mésanges à sa sœur Lucette.

— Reporte ce nid dans la haie : les cris de ces pauvres oiseaux me déchirent le cœur, lui dit la petite fille.

— Puisque tu n'en veux pas, je vais les offrir à notre cousine.

— Que dirais-tu si des méchants t'enlevaient à la tendresse de nos parents? insista la bonne Lucette.

Robert ne répondit pas et se dirigea vers le village voisin qu'habitait sa cousine.

Chemin faisant, il rencontra un voyageur dans un cabriolet.

Ce voyageur ayant remarqué le nid que tenait le petit garçon, saisit Robert et l'enferma dans la voiture. Après quoi, fouettant son cheval, il partit au grand galop.

Robert poussa des cris affreux en se voyant enlever de la sorte et supplia le voyageur de s'arrêter.

— Non, lui répondit ce dernier. Tu n'as pas eu pitié des gémissements de ces pauvres oiseaux, pourquoi aurais-je pitié des tiens?

Le petit garçon, alors, reconnut sa faute.

Se prosternant devant cet homme, il jura que désormais il respecterait la vie des oiseaux. Le voyageur, en entendant cette promesse, arrêta son équipage et fit descendre l'enfant.

— Ah! s'écria Robert après avoir remercié le bon Dieu de sa délivrance, la bonne Lucette avait raison : Ils sont bien cruels ceux qui arrachent les enfants à leur parents.

LE BOIS GENTIL

Par une belle journée de printemps, Adolphe se trouvait avec son papa dans une propriété de campagne entourée de vertes pelouses et de bosquets riants.

En traversant une des serres, le petit garçon remarqua un arbrisseau d'assez belle apparence qui portait des fruits presque semblables à des cerises. Adolphe aurait bien demandé au maître du logis la permission d'en cueillir quelques-uns, mais il venait à l'instant de manger un biscuit que lui avait offert la dame de la maison et le petit garçon, quoiqu'il fût très gourmand, ne voulait pas le paraître.

Ce qui prouve qu'il connaissait son défaut et qu'il en avait honte.

Lorsqu'il vit son papa et le propriétaire du jardin se promenant à l'écart, Adolphe se glissa dans la serre et s'empara de quelques-uns des fruits qu'il convoitait.

En agissant de la sorte, l'enfant ne commettait pas seulement un acte de gourmandise, il se rendait coupable d'un larcin et d'un abus de confiance.

A peine eut-il croqué une de ces prétendues cerises, qu'il la rejeta avec dégoût tellement elle était désagréable : une chaleur dévorante lui brûla bientôt les gencives et les lèvres ; des crampes terribles lui déchirèrent l'estomac.

Le gourmand venait de manger un des fruits du joli bois, autrement appelé bois gentil, qui recèlent un poison des plus violents.

Un médecin fut aussitôt appelé : il soigna le gourmand et lui sauva la vie.

Les parents d'Adolphe, affligés de cet accident fâcheux et rougissant de la conduite de leur fils, n'osèrent plus retourner chez leur ami, le propriétaire du beau jardin.

On dit que le petit garçon s'est corrigé de son funeste penchant : espérons-le pour lui et pour les siens.

DANS LA FORÊT

Olivier, le fils d'un instituteur, se faisait remarquer par son application à l'étude. Il était de beaucoup plus instruit que ses compagnons de classe et savait déjà très bien calculer et dessiner.

Par malheur, Olivier tirait vanité de ces petits mérites et ne manquait jamais l'occasion de faire briller ses connaissances aux yeux de ses camarades.

Un jeudi, pendant qu'il jouait avec eux sur la grande place du village, trois voyageurs, qui semblaient fatigués, demandèrent aux écoliers le chemin de la ville.

— Suivez cette route plantée d'arbres, répondit l'un des enfants.

— Passez par la forêt, vous arriverez une heure plus tôt, conseilla le fils du maître d'école.

Les voyageurs prièrent Olivier de leur montrer ce passage et de les conduire jusqu'au prochain carrefour.

Le petit garçon n'osa pas reculer devant ses condisciples, quoique, à vrai dire, il ignorât ce chemin, connu des seuls chasseurs. Il entra résolument dans la forêt, espérant se délivrer de ces malencontreux étrangers.

Après une demi-heure de marche, ceux-ci commencèrent à murmurer. Olivier, pour se mettre à l'abri de leur ressentiment et pensant retrouver le chemin qu'il venait de parcourir, se faufila dans le taillis et disparut.

Hélas ! il ne trouva plus sa route et s'égara dans la forêt.

La nuit le surprit dans cette triste solitude, troublée seulement par le hurlement des loups.

Olivier, tremblant d'ffroi, recommanda son âme à Dieu et grimpa sur un arbre. Bientôt il aperçut de la lumière à travers le feuillage et s'entendit appeler.

C'était son père qui le cherchait en compagnie de plusieurs voisins.

L'instituteur ramena son fils et aussi les trois voyageurs égarés par sa faute. Il dut loger ces derniers dans sa maison.

Olivier, depuis ce jour, n'est plus aussi présomptueux.

LES PETITES FILLES

LA VIEILLE DAME
ET
SON CARLIN

Un jour d'été, plusieurs jeunes personnes, sous la conduite de leur maîtresse de pension, se promenaient à la campagne.

L'air était pur ; les oiseaux chantaient dans les arbres ; les papillons voltigeaient de fleur en fleur et la cigale faisait entendre son cri monotone et perçant.

Le cœur s'épanouissait à la vue des prairies émaillées de bluets et de coquelicots et l'on éprouvait le besoin de rire et de sauter. Les jeunes personnes subissaient sans doute l'influence de ce beau jour, car leur joyeux babil et leurs bruyants éclats de rire couvraient la voix des cigales.

En longeant les massifs de verdure, les petites filles rencontrèrent une vieille dame, habillée comme du temps du roi Dagobert, et traînant à sa suite un affreux petit chien à moitié pelé et à demi poussif.

Les pensionnaires étaient bien trop animées pour garder leur sérieux devant ce tableau : elles accueillirent l'étrangère et son toutou par des ricanements et par des réflexions assez désobligeantes.

La vieille dame s'arrêta court et leur dit :

— Mesdemoiselles, j'aime mieux avoir de vilains habits que de vilains défauts. On quitte aisément les premiers et l'on a beaucoup de peine à se débarrasser des autres : n'est-il pas vrai, Mlle Léonie ? le diablotin est encore là pour le dire.

En entendant ces mots, la petite fille interpellée devint rouge comme une cerise.

Les enfants regardèrent tour à tour leur compagne et l'étrangère.

— Vous désirez savoir pourquoi Léonie vient de rougir ? dit la vieille dame en s'adressant à toute la compagnie, et moi je désire vous l'apprendre : asseyez-vous et écoutez.

Les petites filles s'assirent sur l'herbe et l'étrangère au chien pelé s'exprima de la sorte :

LES ŒUFS DE PAQUES

LES OEUFS DE PAQUES

Mlle Léonie est une petite fille passablement curieuse.

Le jour de Pâques, elle reçut une jolie corbeille dont le couvercle était fermé par un ruban.

La petite fille supposait que cette corbeille renfermait, suivant l'usage, des œufs en sucre et d'autres friandises.

Elle aurait bien voulu s'en assurer, mais elle n'osait dénouer le ruban dans la crainte de mécontenter son papa qui avait manifesté l'intention d'ouvrir la corbeille de ses propres mains. Léonie, dont l'impatience était grande, ne put résister longtemps à la tentation. Pensant qu'un ruban dénoué pouvait se refaire, elle tira le cordon.

Tout à coup, le couvercle de la corbeille s'enleva brusquement : un diablotin à ressort parut et en même temps six œufs de Pâques, que le mannequin portait dans sa robe, furent projetés hors de la corbeille et se brisèrent en plus de mille morceaux.

Mlle Léonie fut bien épouvantée, non par l'apparition du diablotin — elle était trop grande fille pour avoir peur d'une poupée — mais parce qu'elle redoutait les conséquences de sa curiosité. Léonie aurait pu faire rentrer le diablotin dans sa prison et renouer le ruban : mais à quoi bon ? les œufs brisés ne témoignaient-ils pas contre elle ?

Voilà pourquoi Mlle Léonie rougit jusqu'aux oreilles quand on lui parle du diablotin.

Les enfants regardèrent leur compagne et chuchotèrent.

LA JOLIE QUÊTEUSE

Si Léonie n'aime pas qu'on lui parle du jour de Pâques, continua la vieille dame, Mlle Julienne, que voici, n'est guère plus satisfaite quand on lui rappelle le jour de la Pentecôte.

Mlle Julienne, vous l'ignorez peut-être, est assez négligente. Elle jette pêle-mêle ses robes et ses souliers et ne remet jamais les choses à leur place. Sa chambre est dans un tel désordre qu'on n'y peut circuler sans risquer de renverser quelque meuble, ou de trébucher contre un des mille objets qui traînent sur le plancher.

A la fête de la Pentecôte, Mlle Julienne avait été choisie pour quêter à la paroisse.

A cette occasion, sa tante qui est aussi sa marraine, lui avait fait présent d'un ravissant costume de mousseline blanche, orné de rubans roses et parsemé de fleurs naturelles.

Le jour de la cérémonie, Julienne, aidée de sa bonne tante, revêtit cette jolie robe qui lui seyait à merveille. La maman était toute joyeuse de voir sa fille aussi belle : la bonne tante ne l'était pas moins. Elles s'apprêtaient à conduire la jeune personne à l'église, lorsque celle-ci, pleurant à chaudes larmes, se présenta devant elles la robe et le visage maculés de larges taches noires.

Mlle Julienne, en voulant prendre une épingle sur l'étagère, venait de renverser un pot de cirage liquide qui l'avait inondée des pieds à la tête !

Je vous demande ce que pouvait bien faire un pot de cirage sur l'étagère d'une demoiselle?

Le costume fut perdu ; Julienne ne quêta point ; la mère réprimanda sa fille et la marraine s'éloigna mécontente, en se promettant de ne plus faire de cadeaux à sa filleule tant que celle-ci ne se montrerait pas plus soigneuse.

JOLIE ROSE

— Il ne faut pas regarder Julienne avec ce petit air dédaigneux, continua la vieille dame en s'adressant à l'une des pensionnaires. Vous n'êtes pas exempte de défauts, Mlle Claire, si votre camarade est peu soigneuse, on ne peut du moins lui reprocher de trop s'admirer.

Vous rappelez-vous ce jour où toute pimpante dans vos coquets habits, vous vous rendîtes chez votre grand'maman?

Vous étiez coiffée à la dernière mode et l'on voyait s'épanouir dans vos cheveux une magnifique rose pourpre. Vous étiez fière de vos ajustements et vous marchiez la tête haute comme la marquise de Carabas. Les passants vous regardaient et plusieurs s'écrièrent :

— Qu'elle est jolie ! qu'elle est ravissante !

Ces éloges vous causaient une vive satisfaction, car vous êtes passablement vaniteuse, Mlle Claire, mais la vanité, comme tous les autres défauts, n'attire jamais que de fâcheuses aventures.

Une femme du marché, en vous apercevant, dit aussi : Qu'elle est belle ! Vous lui adressâtes un aimable sourire pour la remercier de son compliment flatteur ; vous souvenez-vous de ce qu'elle vous dit alors ?

— Ma petite demoiselle, vous vous trompez étrangement, si vous croyez que je parle de vous. J'admire la jolie rose que vous portez dans vos cheveux, et non votre visage qui est loin de lui ressembler.

A ces mots, les voisines de la marchande firent entendre de bruyants éclats de rire et vous vous éloignâtes humiliée et confuse.

Quand on n'est pas irréprochable, Mlle Claire, on doit avoir de l'indulgence pour les défauts d'autrui et chercher à se corriger : n'est-il pas vrai, mesdemoiselles ?

Les petites filles ne chuchotaient plus.

LE DÉFAUT DE GEORGETTE

LE DÉFAUT DE GEORGETTE

Georgette me regarde et se demande si je connais son péché capital, poursuivit la vieille dame ; oui je le connais, et je sais qu'il a failli réduire votre mère à l'indigence.

Vous êtes bien gentille, Mlle Georgette, mais.... mais un peu bavarde, et quand on parle trop on a toujours lieu de s'en repentir.

Le papa de Georgette, revenant des Indes, périt dans un naufrage. Six mois après ce malheureux événement, un officier de marine vint apporter à la veuve une somme d'argent assez considérable, héritage de son mari.

Après le départ de l'officier, Georgette rencontra sa petite voisine sur l'escalier et lui raconta que sa maman venait de recevoir une grosse somme d'argent.

Ces paroles furent entendues par un homme qui portait du bois à l'étage supérieur.

Cet homme s'introduisit le soir même chez la maman de Georgette et lui déroba tout ce qu'elle possédait.

Le désespoir de la veuve fut grand lorsqu'elle se vit dépouillée de ses moyens d'existence.

Touchée des larmes de sa mère, Georgette avoua sa faute.

Les agents de la police furent aussitôt prévenus. Ils arrêtèrent le voleur nanti de tout l'argent qu'il avait enlevé.

Cette histoire vous prouve, mesdemoiselles, que l'indiscrétion est un défaut bien grave et qu'on doit se méfier des petites filles babillardes.

LE DINER DE FAMILLE

Quant à vous, Mlle Lucie, vous faites bien de baisser les yeux, une jeune fille qui s'abandonne à la colère et qui jette le trouble dans une maison n'a pas le droit de se moquer de son prochain.

Il circule une belle histoire sur votre compte.

C'était, s'il m'en souvient, le jour de la fête de votre bonne maman. Vos oncles, vos tantes, vos cousins et quelques amis s'étaient réunis chez vos parents pour dîner en famille.

Le couvert était déjà mis et l'on allait s'attabler.

C'est à ce moment que vous vous rendîtes auprès de Gertrude

et que vous lui demandâtes un verre d'eau. La cuisinière trop affairée, refusa de vous servir et vous laissa trépigner d'impatience. Alors, cédant à votre funeste penchant, vous eûtes un accès de colère et dans vos transports vous renversâtes la rôtissoire dans le foyer.

Gertrude se précipita vers le rôti qui déjà flambait. Dans son empressement, elle trébucha contre le pied du fourneau qui se brisa. Le fourneau, manquant de point d'appui, s'inclina fortement et les casseroles, les plats, les coquemars, tombèrent avec fracas.

Les convives accoururent en entendant ce vacarme : Jugez de leur déception lorsqu'ils virent le dîner par terre !

Les parents de Mlle Lucie étaient désespérés et ne savaient comment s'excuser auprès de leurs invités, qui s'éloignèrent assez peu satisfaits et l'estomac creux.

Ne pleurez pas, Mlle Lucie, je sais que depuis ce jour de scandaleuse mémoire, vous faites de louables efforts pour vous corriger : persistez et vous serez bientôt maîtresse de vous-même. Avec de la persévérance et de la bonne volonté on vient à bout de tout : vous m'entendez, mesdemoiselles ?

Les petites filles s'inclinèrent en silence.

LE CHAT RÉVÉLATEUR

Vous qui semblez si occupée de votre parapluie, Mlle Francine, pourriez-vous me dire comment se porte Minet ? demanda la vieille dame à l'une des jeunes personnes de la société.

Vous rougissez, tant mieux ! cela prouve que vous n'avez pas oublié la faute que je vais rapporter.

Obligée de sortir, la maman de Francine fit promettre à son enfant de ne toucher à rien pendant son absence. La maman avait des motifs pour exiger cette promesse ; elle savait Francine quelque peu curieuse et passablement gourmande.

Vous croyez que cette petite fille tint parole ? détrompez-vous.

Mlle Francine avait remarqué un pot de gelée de framboises sur une planche de l'armoire et cette confiture l'affriandait beaucoup et la tentait bien fort.

Elle résista pendant une grosse demi-heure.

La gourmandise finit par l'emporter sur le devoir et la petite fille mangea les confitures.

Cinq minutes après arrivait la maman.

— Avez-vous été obéissante ? lui demanda-t-elle.

— Oui maman, répondit Francine, non sans rougir.

A peine eut-elle proféré ce mensonge, qu'un miaulement formidable se fit entendre : Francine pâlit.

Elle avait enfermé son chat dans l'armoire.

La maman délivra Minet et regarda tristement sa fille.

Mon enfant, lui dit-elle, une faute en appelle toujours une autre. La gourmandise vous a fait désobéir et pour cacher votre indocilité, vos lèvres viennent de se souiller d'un mensonge. Apprenez que la vérité ne peut se dissimuler et que des témoins révélateurs envoyés par le bon Dieu dénoncent toujours les coupables.

Mlle Francine, depuis ce jour-là, se garde de tout mensonge et n'aime plus les confitures.

LE CHARDONNERET

Une petite fille, qui ces jours derniers, pleurait bien amè-
rement, c'est Mlle Pauline. Ne vous cachez pas derrière votre
maîtresse, mon enfant, et regardez-moi sans crainte ; la faute
que vous avez commise est assez légère et je n'entends pas vous
en faire un crime.

Pauline est la meilleure de vous toutes, sachez-le, mesdemoiselles ; elle est affectueuse et douce, et on ne doit lui reprocher qu'un peu d'étourderie. C'est un défaut commun à tous les
enfants, et dont ils se corrigent avec l'âge.

Mais, comme dit le proverbe : « Si léger soit-il, un défaut est toujours dommageable ». C'est pour vous prouver la sagesse de ce proverbe, que je vais rapporter l'aventure qui a fait pleurer votre compagne.

Pauline possédait un chardonneret des mieux dressés qui lui avait été rapporté des pays étrangers, par son oncle, le capitaine de zouaves.

Fifi, ainsi se nommait l'oiseau, savait parfaitement tirer le seau qui contenait son breuvage, soulever le couvercle de l'auget qui renfermait son manger, et se balancer la tête en bas au premier commandement. Pauline adorait son oiseau et le soignait avec une grande sollicitude.

Dimanche dernier, jour de funeste mémoire, la petite fille, en nettoyant la cage, oublia d'en refermer la porte. Fifi s'envola par la fenêtre, et, malgré les supplications de sa jeune maîtresse, refusa de rentrer dans sa prison.

Depuis ce jour, Fifi n'a pas reparu, et depuis ce jour Pauline ne peut s'empêcher de répandre des larmes en voyant la cage vide.

CE QU'ÉTAIT LA VIEILLE DAME

— Ah ! ah ! mesdemoiselles, fit la vieille dame en riant, comme vous voilà devenues sérieuses. Il paraît que mes historiettes ne vous réjouissent que médiocrement. Rassurez-vous, je n'en raconterai pas davantage et je m'en vais.

Avant de m'éloigner, je veux dire un mot à cette petite fille qui cueille des pâquerettes.

Adèle, ma mignonne, vous êtes certainement une aimable enfant, mais vous le seriez plus encore si vous négligiez moins votre personne : souvenez-vous que les mamans n'ont aucun plaisir à caresser les enfants qui ont le visage, les mains et les vêtements souillés. Sur ce, mesdemoiselles, je vous tire ma révérence et vous souhaite une bonne promenade, termina la vieille femme.

Après son départ, les petites filles respirèrent plus librement et se communiquèrent leurs impressions :

— C'est une sorcière, s'écria l'une d'elle.

— Ou bien une fée, ajouta sa voisine.

— C'est plutôt une ogresse, dit une troisième.

— Mesdemoiselles, interrompit la maîtresse de pension, il n'y a de sorcières, de fées et d'ogresses que dans les contes inventés pour vous amuser. La personne qui vient de vous parler est simplement l'inspectrice des écoles. Elle connaît tous les enfants de la ville et tient registre de leur conduite.

Que cette aventure vous serve de leçon et vous rappelle que les enfants doivent se montrer respectueux envers les personnes âgées de toutes conditions.

8905. — Imprimerie A. Lahure, rue de Fleurus, 9, à Paris

www.ingramcontent.com/pod-product-compliance
Lightning Source LLC
LaVergne TN
LVHW050304090426
835511LV00039B/1435